El libro del libro

Libros de Idries Shah

Estudios Sufis y literatura de Medio Oriente
Los Sufis
Caravana de sueños
El camino del Sufi
Cuentos de los derviches: *Cuentos-enseñantes milenarios*
Pensamiento y acción Sufi

**Psicología tradicional,
encuentros enseñantes y narrativas**
Pensadores de Oriente: *Estudios en empirismo*
La sabiduría de los idiotas
La exploración dérmica
Aprendiendo a aprender: *Psicología y
espiritualidad en la vía Sufi*
Aprendiendo a saber
El monasterio mágico: *Filosofía analógica y práctica*
El buscador de la verdad
Observaciones
Noches con Idries Shah
El yo dominante

Disertaciones universitarias
Un escorpión perfumado (Instituto para el estudio
del conocimiento humano – ISHK – y la Universidad
de California)
Problemas especiales en el estudio
de ideas Sufis (Universidad de Sussex)
El elefante en la oscuridad: *Cristianismo,
Islam y los Sufis* (Universidad de Ginebra)
Aspectos desatendidos del estudio Sufi: *Empezando a
empezar* (The New School for Social Research)
Cartas y disertaciones de Idries Shah

Ideas actuales y tradicionales
Reflexiones
El libro del libro
Una gacela velada: *Viendo cómo ver*
Iluminación especial: *El uso Sufi del humor*

Corpus del Mulá Nasrudín
Las ocurrencias del increíble Mulá Nasrudín
Las sutilezas del inimitable Mulá Nasrudín
Las hazañas del incomparable Mulá Nasrudín
El mundo de Nasrudín

Viajes y exploraciones
Destino: la Meca

Estudios sobre creencias minoritarias
El conocimiento secreto de la magia
Magia oriental

Cuentos selectos y sus trasfondos
Cuentos del mundo

Una novela
Kara Kush

Trabajos sociológicos
La Inglaterra tenebrosa
Los nativos están inquietos
El manual de los ingleses

Traducidos por Idries Shah
Los cien cuentos de la sabiduría (El *Munaqib* de Alfaki)

EL LIBRO
DEL LIBRO

Idries Shah

La valía de la morada
está en el morador.
Dicho

ISF PUBLISHING

Contenido

Prefacio

ALGUNOS ANIMALES, SEGÚN Esopo, le preguntaron a una leona cuántos cachorros paría cada vez.

Ella dijo:

"Uno... pero es un león."

Idries Shah

1

El derviche que se convirtió en rey

Érase una vez un derviche que había visto la
 Verdad.

Decidió que tendría que volverse poderoso en
 el mundo ordinario antes de que la gente
 lo escuchase, de modo que aplicó toda su
 concentración a la tarea de lograr cierta
 autoridad visible.

Con el paso del tiempo, se convirtió en rey.

Luego de algunos años como gobernante, el
 derviche se dio cuenta de que la gente no quería
 su modo de enseñar.

Parecían escucharlo, pero actuaban solo por la
 esperanza de una recompensa o por el miedo al
 castigo.

El rey-derviche carecía de un instrumento con el
 cual enseñar.

Ninguno le llegó; hasta que estuvo casi al final de
 sus días.

2

El forastero vestido de verde

Un día, habiendo salido de cacería, el anciano rey
se sentó para descansar, cuando un forastero
vestido de verde se le acercó.

Luego de saludar al rey le contó una historia, esta
historia: El Cuento del Libro.

En la próxima sección, comienza el Cuento del
Libro.

3

En contra de lo esperado

Un hombre sabio, la maravilla de su época, le
enseñaba a sus discípulos a través de una
reserva aparentemente inagotable de sabiduría.
Él atribuía todo su conocimiento a un grueso
libro que estaba guardado en un lugar de honor
dentro de su habitación.
El sabio no le permitía a nadie abrir el volumen.
Cuando murió, aquellos que lo habían rodeado,
considerándose sus herederos y ansiosos por
poseer lo que contenía, corrieron tras el libro
para abrirlo.
Quedaron sorprendidos, confundidos y
decepcionados cuando descubrieron que lo
escrito ocupaba apenas una página.
Se sintieron aun más desconcertados y luego
irritados cuando intentaron penetrar en el
significado de la frase que sus ojos habían
encontrado.
Era: "Cuando te des cuenta de la diferencia
entre el contenedor y el contenido, tendrás
conocimiento."

4

La opinión de los eruditos

Los sucesores del sabio llevaron el libro a los
    eruditos más famosos de la época, diciendo:
"Tenemos este libro, y buscamos su interpretación.
Perteneció a cierto sabio, la maravilla de su época,
    ahora muerto.
Esto es todo lo que dejó, y somos incapaces de
    desentrañar su misterio."
En un principio los eruditos estaban fascinados al
    ver una obra de semejante tamaño, portando
    el nombre de su antiguo dueño, del cual sabían
    que había sido venerado por multitudes.
Dijeron:
"Por supuesto que les daremos la interpretación
    verdadera."
Pero cuando descubrieron que el libro estaba
    prácticamente vacío, y que las palabras allí
    encontradas carecían de sentido para ellos,
    primero se burlaron y luego les gritaron a los
    estudiantes, ahuyentándolos con su furia.
Creían haber sido víctimas de una farsa.
Aquella era una época en la que los eruditos eran
    limitados y de mentalidad literal.
No podían imaginar un libro que pudiese *hacer*
    algo, solo un libro que *dijese* algo.

5

La interpretación del derviche

Los abatidos estudiantes, yendo a descansar a un
  caravasar, se encontraron con un derviche y le
  contaron de su perplejidad.
El derviche dijo:
"¿Qué aprendieron de los eruditos?"
Los viajeros respondieron:
"Nada. No pudieron decirnos nada."
El derviche dijo:
"Al contrario, les dijeron todo.
Mostraron que el libro no podía ser comprendido
  del modo en que ellos, o ustedes, suponían.
Quizá piensen que ellos carecen de profundidad.
Pero ustedes, en cambio, carecen de sensatez.
El libro estaba enseñando algo a través del
  incidente mismo, mientras ustedes permanecían
  dormidos."
Pero los estudiantes encontraron esta explicación
  demasiado sutil para sus mentes, y la única
  persona que mantuvo el conocimiento del libro
  fue un visitante casual del caravasar, quien
  fortuitamente escuchó el intercambio que acabo
  de repetir para usted, ¡Oh Rey y Derviche!
Entonces el forastero vestido de verde se puso de
  pie, y se marchó.

6

La custodia y el robo del libro

El rey quedó tan impresionado por el relato del forastero que ordenó que el cuento fuese escrito y encuadernado en un gran libro.

Este fue colocado en un nicho dentro de su tesoro y custodiado por hombres armados, día y noche.

El anciano rey murió y un bárbaro conquistador devastó su reino.

Irrumpiendo en el tesoro, este hombre vio el libro en su lugar de honor y pensó: "Esta debe de ser la fuente de la felicidad, sabiduría y prosperidad del país."

Dijo en voz alta: "Dejen que el libro sea bajado y me sea leído en nuestro propio idioma."

Pero este conquistador, a pesar de todo su poderío físico, era un inculto: no pudo encontrarle sentido a las palabras del libro.

7

Mali salva al libro

El bárbaro hizo destruir el libro, pero su
   intérprete, cuyo nombre era Mali, recordó su
   contenido.
Es a través de su trabajo que esta enseñanza fue
   transmitida. Mali abrió una tienda.
Él mantenía a la vista copias de *El libro del libro*
   para venderlas.
A nadie se le permitía mirar dentro hasta que
   hubiese pagado dos monedas de oro por un
   ejemplar.
Algunos aprendieron la lección del libro, y
   regresaron para estudiar con Mali.
Otros querían que se les devolviese su dinero, pero
   Mali siempre decía:
"No puedo retornarles su dinero hasta que
   me devuelvan lo que han aprendido de la
   transacción, así como el libro mismo."
Algunos que preferían la mera apariencia en vez
   del contenido interno, llamaron engañador a
   Mali.
Pero Mali les dijo: "Ustedes estaban desde un
   principio buscando impostores, de modo que
   supondrán haber encontrado uno en cualquier
   persona."

8

Yasavi lo compra por doce monedas de oro

Cuando Ahmed Yasavi era un estudiante compró un ejemplar de *El libro* a Mali, pagándole dos monedas de oro.

Al día siguiente regresó y le dio a Mali otras diez monedas de oro, diciendo: "Lo que he aprendido de *El libro* vale más que esto.

Pero dado que no tengo más dinero te lo doy todo, como muestra de que valoro esta lección tanto como todas mis posesiones."

9

Yasavi, de los Maestros, lo transmite

Yasavi hizo que el cuento y el contenido de
  El libro del libro fueran encuadernados en un
  volumen de más de doscientas páginas, en cuya
  cubierta estaba escrito:
  "Si el grosor de los libros determina el valor de
  su contenido, este sin duda debería ser aún más
  grueso."
A partir de Ahmed Yasavi, de los Maestros del
  Asia Central, esta historia se ha transmitido
  durante más de setecientos años.

Un Pedido

Si disfrutaste este libro, por favor deja una reseña en Goodreads y Amazon (o donde quiera que hayas comprador el libro).

La reseñas son el mejor amigo de un escritor.

Para estar al tanto de las novedades acerca de nuestros próximos lanzamientos o noticias de la Idries Shah Foundation, apúntate a nuestra lista de correo:

 http://bit.ly/ISFlist

Y para seguirnos en las redes sociales, usa cualquiera de los siguientes enlaces:

 https://twitter.com/IdriesShahES

 https://www.facebook.com/IdriesShah

 http://www.youtube.com/idriesshah999

 http://www.pinterest.com/idriesshah/

 http://bit.ly/ISgoodreads

 http://fundacionidriesshah.tumblr.com

 https://www.instagram.com/idriesshah/

http://idriesshahfoundation.org/es